目次

0－1．レジリエンス基礎講座の目的

「レジリエンス基礎講座」は、
毎日楽しく、健康で、人生をよりよくしたいと考える方
レジリエンスを学びたいすべての方に対して、以下の３つを目的とした講座です。

レジリエンス基礎講座の目的
1．「レジリエンス」とはどんな心の力かを知る
2．自分の「レジリエンス」を育てるための方法を知る
3．自分に合った「レジリエンスを高める方法」を見つけ実践する

あなたの「レジリエンス」を高める５セッション

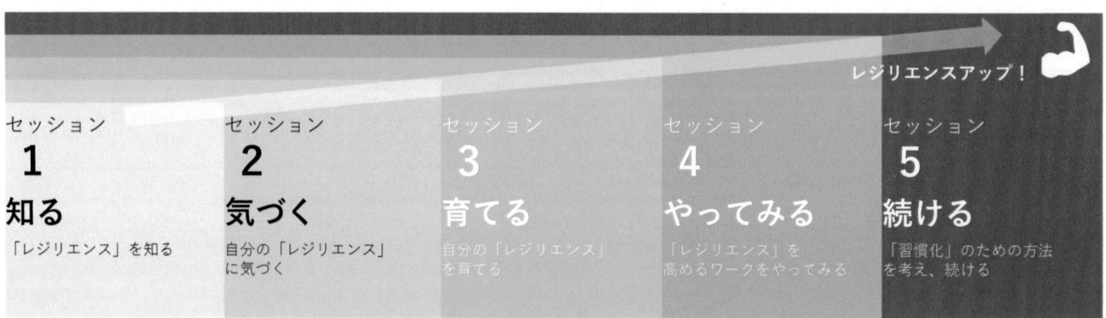

知って気づいて育てるステージ

まずは「レジリエンス」とはどんな心の力か、
「レジリエンス」を支える５つの力について
理解しましょう。
さらに「あなたのレジリエンス」に気づき、
高める方法を学びましょう。

やってみて続けるステージ

「レジリエンス基礎講座を受けた」だけでは、
あなたのレジリエンスは高まりません。
実際にレジリエンスが高まるワークをやってみて
効果や自分に合うものを見つけ、続けることが
あなたのレジリエンスアップにつながります。

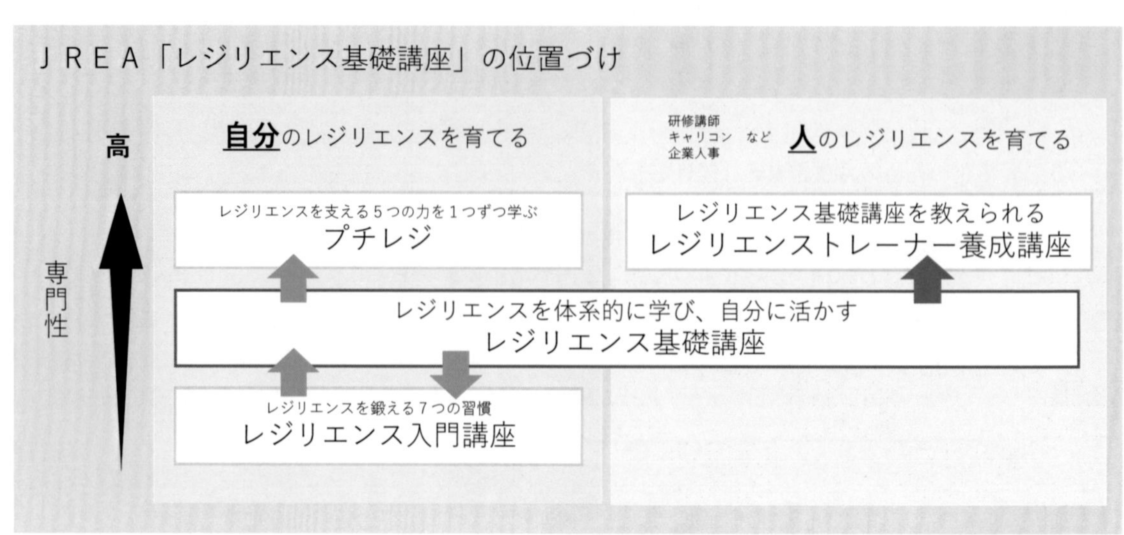

0－2．スケジュール

↓　スライドの日時を書いておこう

月　日
(　　)
：
～
：

0．オリエンテーション

セッション 1
知る

1．レジリエンスを「知る」

1－1．レジリエンスとは？
1－2．レジリエンス３つの特徴
1－3．レジリエンスを支える５つの力と３つのステージ

セッション 2
気づく

2．自分のレジリエンスに「気づく」

2－1．レジリエンス診断
2－2．今までの経験から培われた自分のレジリエンスに気づく

月　日
(　　)
：
～
：

セッション 3
育てる

3．自分のレジリエンスを「育てる」

3－1．自尊心の高め方
３つのよいことワークでよいことに気づく力を高めよう

3－2．感情調節の高め方
感情の基礎知識
とらえ方に気づき、対応の仕方を考えよう

3－3．自己効力感の高め方
小さなやることリストをつくって実行しよう

3－4．楽観性の高め方
自分ができることに集中しよう

3－5．人間関係の高め方
人を助けることができる自分を知ろう

月　日
(　　)
：
～
：

セッション 4
やってみる

4．レジリエンスを高めるワークを「やってみる」

＜次回までにレジリエンスを高めるワークをやってみよう＞

セッション 5
続ける

5．習慣化のための方法を考え「続ける」

5－1．ワークをやってみて、４つの視点で振り返りをしよう
5－2．楽しく続けるレジリエンスワークの習慣化を考えよう

まとめ

０－３．受講にあたってのお願い

参加者全員で、『前向きに安全に学べる場』をつくり、一緒に学びましょう。

・お互いを肯定し、応援する姿勢で参加しましょう
・話したいことだけ話しましょう。自己開示は自分で決めましょう
・個人情報は持ち帰りません

【zoomの参加にあたって】

●講義中の画面と音声
講師の講義中は「ビデオの開始」「ミュート」でお願いします。

●グループワーク（ブレイクアウトルーム）
グループワークは講師が「ブレイクアウトルーム」に組み分けし、
移動していただきます。

・**「ビデオの開始」＆「ミュート解除」**でご参加ください。
・参加者の発表後に、
拍手や**反応マーク**で応援する空気をつくりましょう。

●質問
質問は、
①「手を挙げる」または、「ミュート解除」して質問する
②「チャット」で質問を送る
どちらでも構いません。遠慮なくご質問ください。

●休憩中
休憩中は「ビデオの停止」「ミュート」でお休みください。

●その他
講師へ個別のリクエストがある場合は、
プライベートチャット機能（「チャット」→「講師名」）
を活用してください。

※講座を自分に活かすために・・・

✓個人的な問題に関する相談はお控えください

✓休憩時間は水分を取る、身体を動かすなど
しっかり休んで講座に集中しましょう

講座の内容に関する質問は大歓迎です！

0－4．講座を最大限に活用するために

●テキストに書き込みながら受講しよう

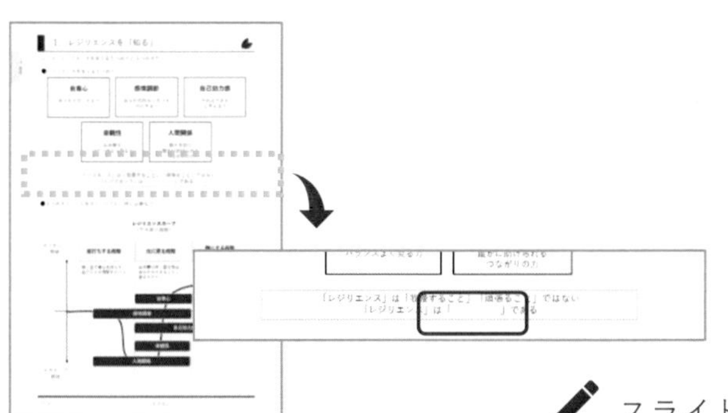

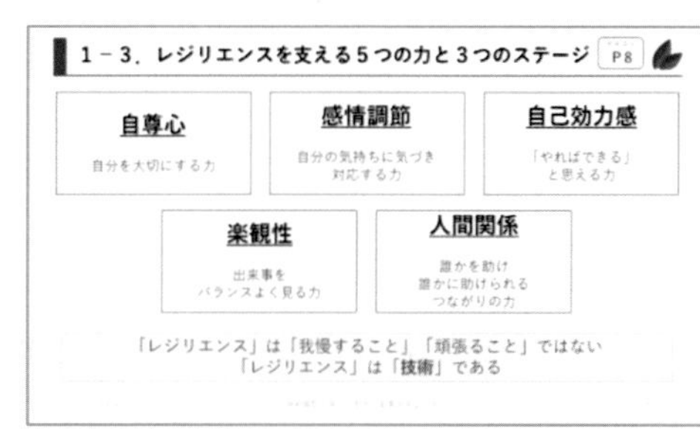

スライドの赤字部分をテキストに書き込もう

●グループワークで共有する理由

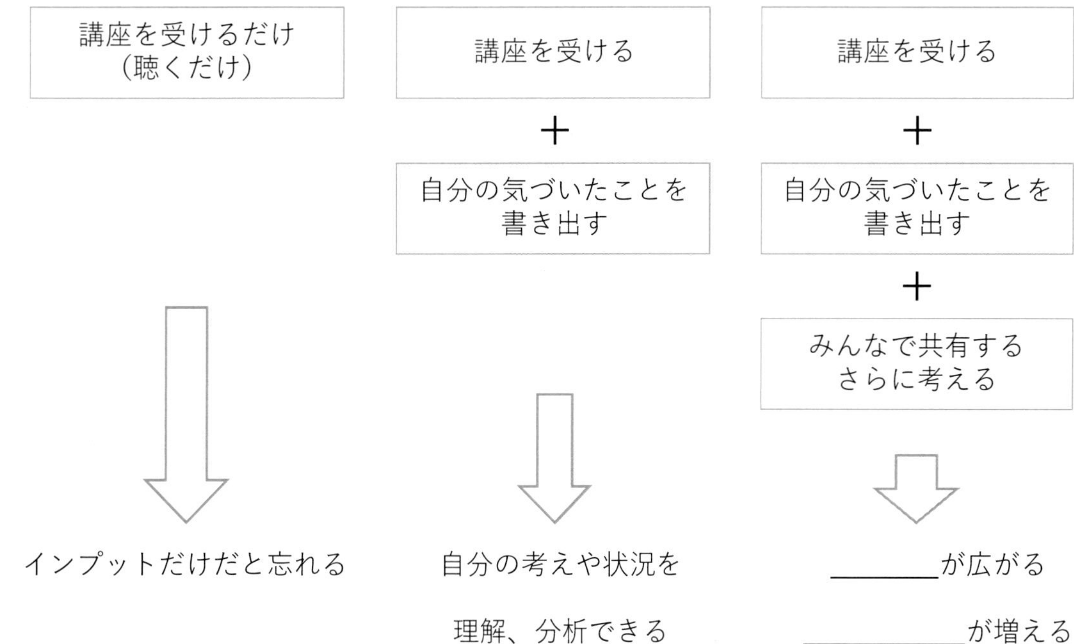

0－5．自己紹介

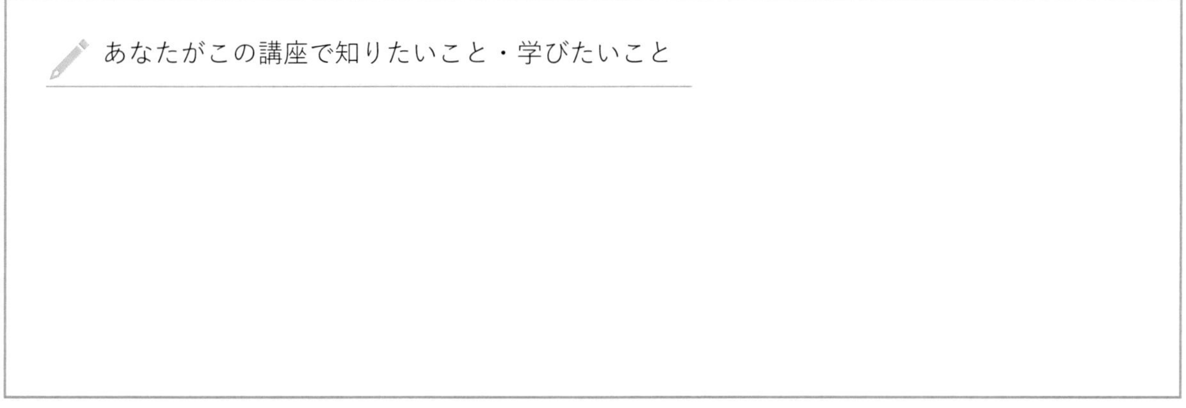

あなたがこの講座で知りたいこと・学びたいこと

1．レジリエンスを「知る」

1－1．レジリエンスとは？

『レジリエンス』とは？

自分にとっての逆境や試練から立ち直る心の力

（回復力・柔軟性・適応力）

何かに例えるとしたら・・・

おきあがりこぼし　水と太陽で元気になる草花　折れる前にしなる青竹　自分の体の色を変化させるカメレオン

「自分にとって」・・・　人によって「逆境や試練」と感じる状況は異なる

「逆境や試練」・・・　失敗やピンチ、ストレスや困難、エネルギーダウンなど

「立ち直る」・・・　嫌な気持ちを底打ちさせ、そこから立ち直り回復するだけでなく、その経験から成長すること

●ひとは逆境からどうやって回復するか（レジリエンスカーブ）

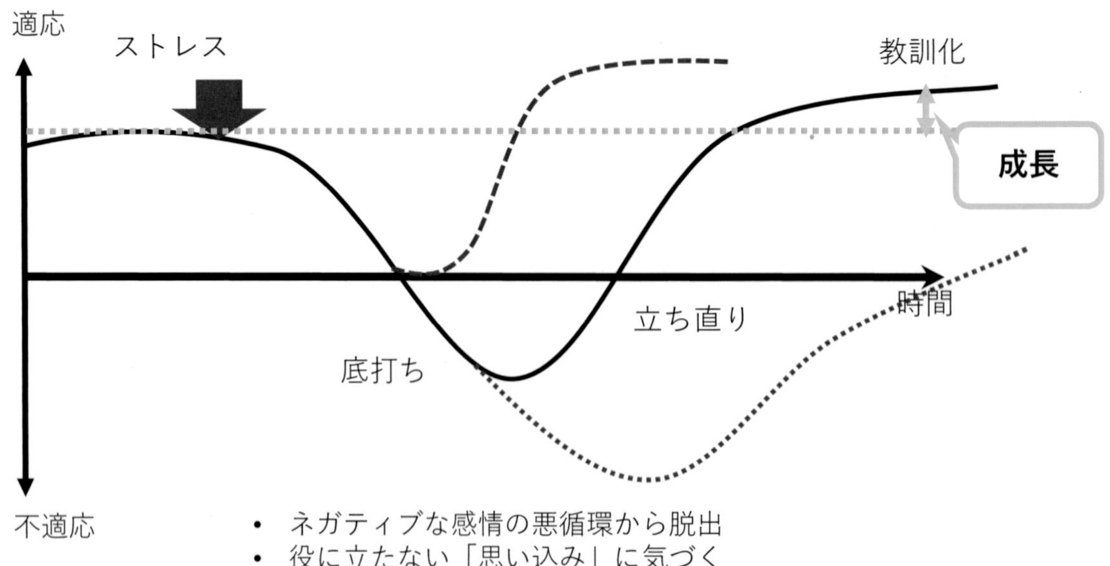

- ネガティブな感情の悪循環から脱出
- 役に立たない「思い込み」に気づく

1．レジリエンスを「知る」

1－2．レジリエンス３つの特徴

例）例えば・・・プレゼンで失敗した

客先で大事な商品プレゼンテーションで上手く説明ができず時間切れになってしまった。その結果その商品が売れなかった。上司からも叱られた。落ち込んでしまったし、営業に向いていないと自分を責めてしまった。	このまま自分を責めて落ち込んでいても仕方ないと思い、苦手なプレゼンテーションを克服しようと研修に行き、トレーニングを何度も繰り返した。	プレゼンテーションの苦手意識を克服できたので、今は自信を持って商品プレゼンテーションを行うようになって、営業成績も上がってきた。

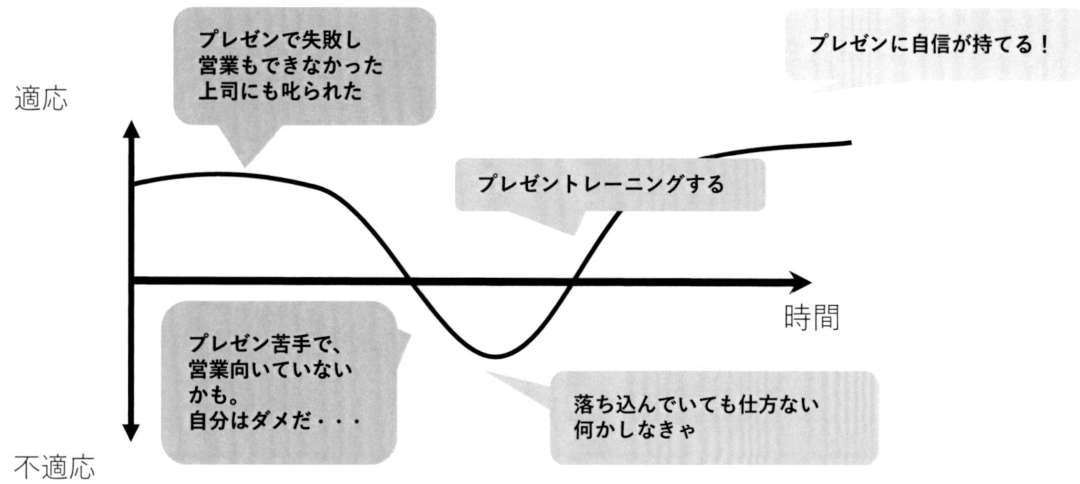
プレゼンで失敗し
営業もできなかった
上司にも叱られた
プレゼンに自信が持てる！
適応
プレゼントレーニングする
時間
プレゼン苦手で、
営業向いていない
かも。
自分はダメだ・・・
落ち込んでいても仕方ない
何かしなきゃ
不適応

●レジリエンスが必要な場面は、大きな逆境だけでない

同じミスを何度も繰り返して自信をなくす	同期と比べて落ち込む	やる前からあきらめる	明るい将来を描けない	なかなか相談できない

「レジリエンス」は**大きな逆境だけでなく、日常的なストレスに対処する場面でも必要**
「レジリエンス」が必要な時は人それぞれ

●レジリエンスが高い人は？

レジリエンスが高い人、だれ？

●レジリエンス３つの特徴

①＿＿＿＿＿が持っている、生きる力。

②個人のレジリエンス要因は多様。　生まれつきの＿＿＿＿＿もある。

③経験や知識によって育つ　＿＿＿＿＿＿な能力。

1．レジリエンスを「知る」

1－3．レジリエンスを支える５つの力と３つのステージ

●３つのステージ

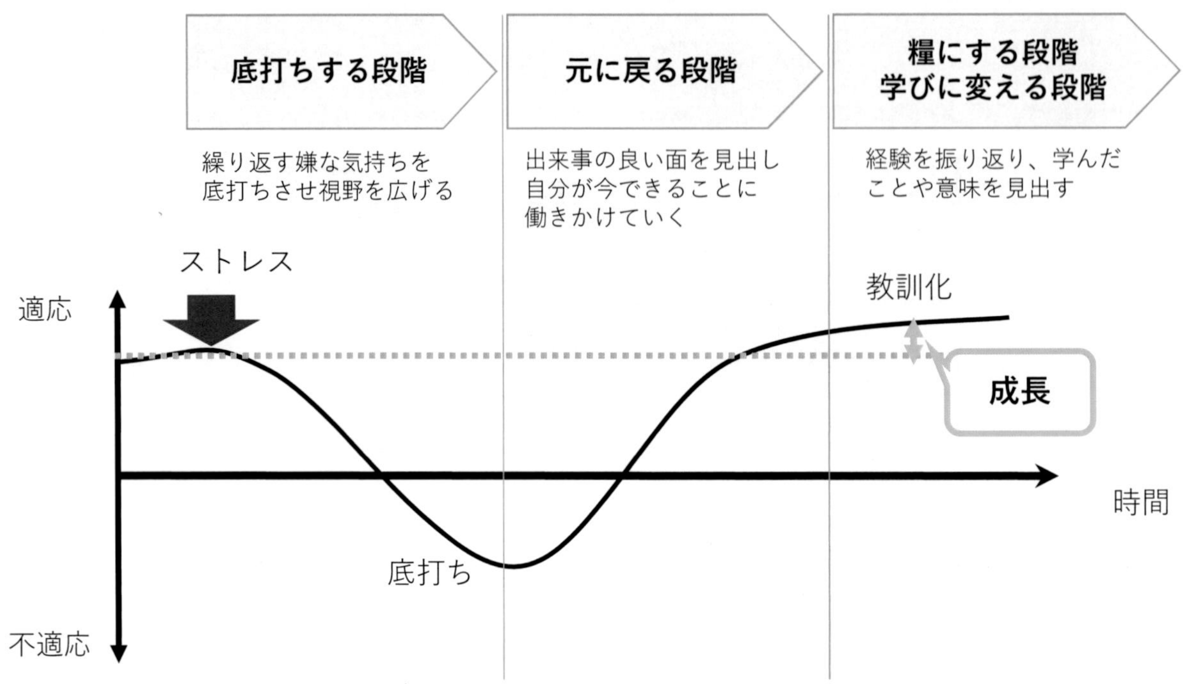
レジリエンスカーブ
（立ち直り曲線）
底打ちする段階
元に戻る段階
糧にする段階
学びに変える段階
繰り返す嫌な気持ちを
底打ちさせ視野を広げる
出来事の良い面を見出し
自分が今できることに
働きかけていく
経験を振り返り、学んだ
ことや意味を見出す
ストレス
適応
教訓化
成長
時間
底打ち
不適応

●レジリエンスを支える５つの力

自尊心	**感情調節**	**自己効力感**
自分を大切にする力	自分の気持ちに気づき対応する力	「やればできる」と思える力

楽観性	**人間関係**
出来事をバランスよく見る力	誰かを助け誰かに助けられるつながりの力

「レジリエンス」は「我慢すること」「頑張ること」ではない
「レジリエンス」は「　　　　　　　」である

もっと詳しく① 「自尊心」と「自己効力感」の違いは？

自尊心

・自分自身を大切に思う感情

・自分を大切に思い、自分のあるがままを認め、受け入れることができる感覚

・自分は価値がある存在だと認められる感覚

他者の価値観・評価を軸にする	自分の価値観・評価を軸にする
↓	↓
環境や状況が変わると振り回される	環境や状況が変わっても振り回されることが少ない

参考）**自尊心**
（Self-esteem・セルフ・エステーム）
＝自己に対する肯定的な態度（引用：心理学辞典）

自己効力感

・自分がある状況において必要な行動をうまく遂行できると、自分の可能性を認知していること

・これから行うことに対して「自分はできそうだ」と思えること

・事実ではなく「　　　　　　　　」

参考）**自己効力感**
（self-efficacy・セルフ・エフィカシー）
＝自分自身が環境に影響を与えることができている感覚
（心理学辞典を引用して作成）

もっと詳しく② 2つの「楽観性」

気質的楽観性

物事の良い面を見る傾向にあり
将来に対しても好ましい期待を
抱いている

この講座ではこちらを楽観性と呼びます

現実的楽観性

出来事を客観的に考えて、
自分にできることとできないことを見分け
できることに集中して働きかけていく

2．自分のレジリエンスに「気づく」

2－1．レジリエンス診断

<u>最近（6か月以内）のあなた</u>についてお答えください。

1	2	3	4
全く あてはまらない	あまり あてはまらない	ある程度 当てはまる	とても 当てはまる

①	自分の性格についてよく理解していると思う	1	2	3	4
②	苦手なこともあるが、自分の長所を知っている	1	2	3	4
③	「自分は自分」と考えることができる	1	2	3	4
④	多忙やストレスで理由もなくイライラしている時、 自分の気持ちに気づくことができる	1	2	3	4
⑤	仕事や人間関係で失敗をして、 気分が落ち込んでも、切り替えることができる	1	2	3	4
⑥	嫌な出来事が、どんな風に自分の気持ちに 影響するか理解している	1	2	3	4
⑦	仕事や人間関係などで思い通りにいかないことが あっても、最後までやり切ることができる	1	2	3	4
⑧	うまくいくかどうかわからなくても まずやってみようと取り組んだことがある	1	2	3	4
⑨	何かを頼まれたとき、「自分には無理」と感じるより 「自分なら出来そう」と思うことの方が多い	1	2	3	4
⑩	何か問題やトラブルがあると 今できることは何かを考え自分にできることを探す	1	2	3	4
⑪	ミスをしても、「原因はさまざまだ」と とらえることができる	1	2	3	4
⑫	困難な出来事が起きても どうにか切り抜けることができると思う	1	2	3	4
⑬	人とのつながりを大事にする方だ	1	2	3	4
⑭	困ったことがあると一人で抱え込まず 誰かに相談してみる	1	2	3	4
⑮	周りの人の相談にのったり、頼まれることがよくある	1	2	3	4

「レジリエンスを鍛える２０のレッスン」（久世浩司著）
「レジリエンスの教科書」（カレン・ライビッチ、アンドリュー・シャテー著）
「二次元レジリエンス要因尺度」（平野．2010）を参考にＪＲＥＡが作成

①～③の合計	④～⑥の合計	⑦～⑨の合計	⑩～⑫の合計	⑬～⑮の合計
点	点	点	点	点

①～③の合計が一番高い方は・・	④～⑥の合計が一番高い方は・・	⑦～⑨の合計が一番高い方は・・	⑩～⑫の合計が一番高い方は・・	⑬～⑮の合計が一番高い方は・・
自尊心 自分を大切にする力 が高い方です。 自分の強みも弱みも含めたありのままの自分を肯定し、自分の価値を認めることができます。	**感情調節** 自分の気持ちに気づき対応する力 が高い方です。 ネガティブ感情から早く立ち直ることができ、前に進むことができます。	**自己効力感** 「やればできる」と思える力 が高い方です。 うまくいくかどうかわからないことでも、失敗を怖がらずに、前向きにチャレンジすることができます。	**楽観性** 出来事をバランスよく見る力 が高い方です。 出来事をいろんな視点からバランスよくとらえることができ、柔軟に対応することができます。	**人間関係** 誰かを助け誰かに助けられるつながりの力 が高い方です。 逆境下でも一人で抱え込んだり、閉鎖的にならずに、つながりの力を使って抜け出すことができます。

【レジリエンス診断を見るときの留意点】

①補助的に使いましょう
この診断は、「レジリエンスを鍛える２０のレッスン」（久世浩司著）、「レジリエンスの教科書」（カレン・ライビッチ、アンドリュー・シャテー著）、「二次元レジリエンス要因尺度」（平野．2010）などを参考にＪＲＥＡが作成したものであり、信頼性と妥当性の検証は行われていません。この診断ですべてを判断せず、あなたのレジリエンスに気づくための補助的なものとして参考にしてください。

②“今のあなた”を反映しています
回答した時の気分に左右されやすいのも心理テストや診断の特徴です。その時の気分や状況によって回答が異なる場合もあることを理解しておきましょう。

③２－２．今までの経験から培われた自分のレジリエンスに気づくも参考にしましょう
あなたの乗り越え経験から培われた（発揮された）レジリエンスの力も参考にしながら、今、自分が持つレジリエンスの力を確認していきましょう。

２－１．レジリエンス診断　と
２－２．今までの経験から培われた自分のレジリエンスに気づく　の違い

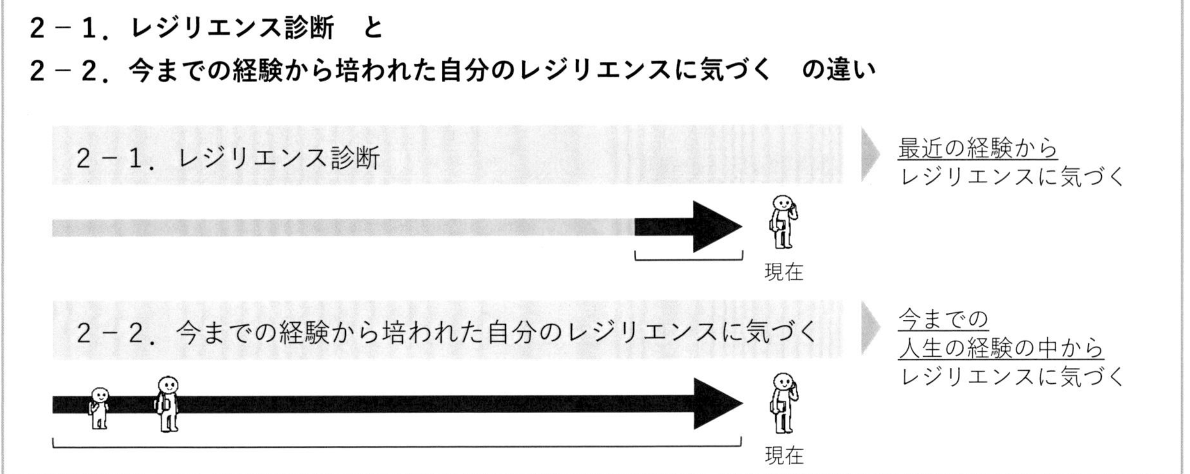

2．自分のレジリエンスに「気づく」

2－2．今までの経験から培われた自分のレジリエンスに気づく

●ライフラインチャートとは？

ライフラインチャートは、縦軸に満足度・充実度、横軸に過去の年齢（時間軸）をとったグラフのこと

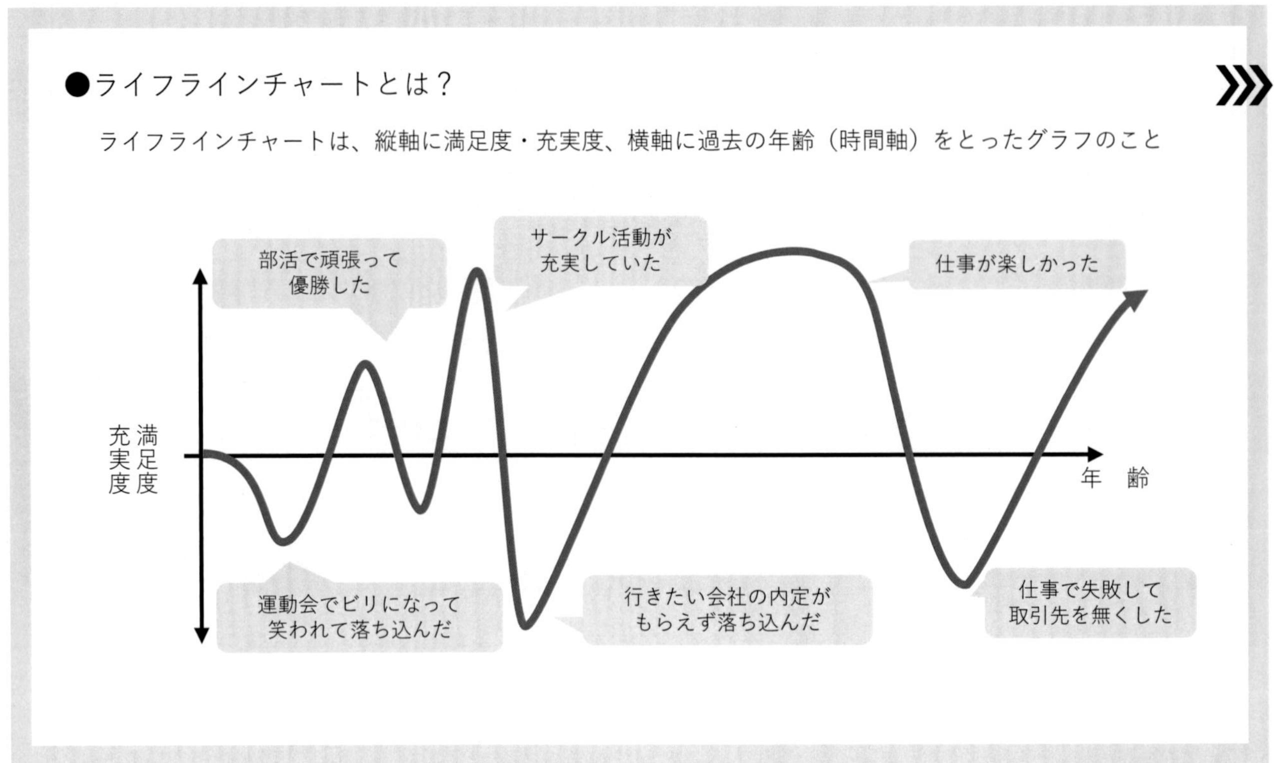

●自分のレジリエンスに気づくには？

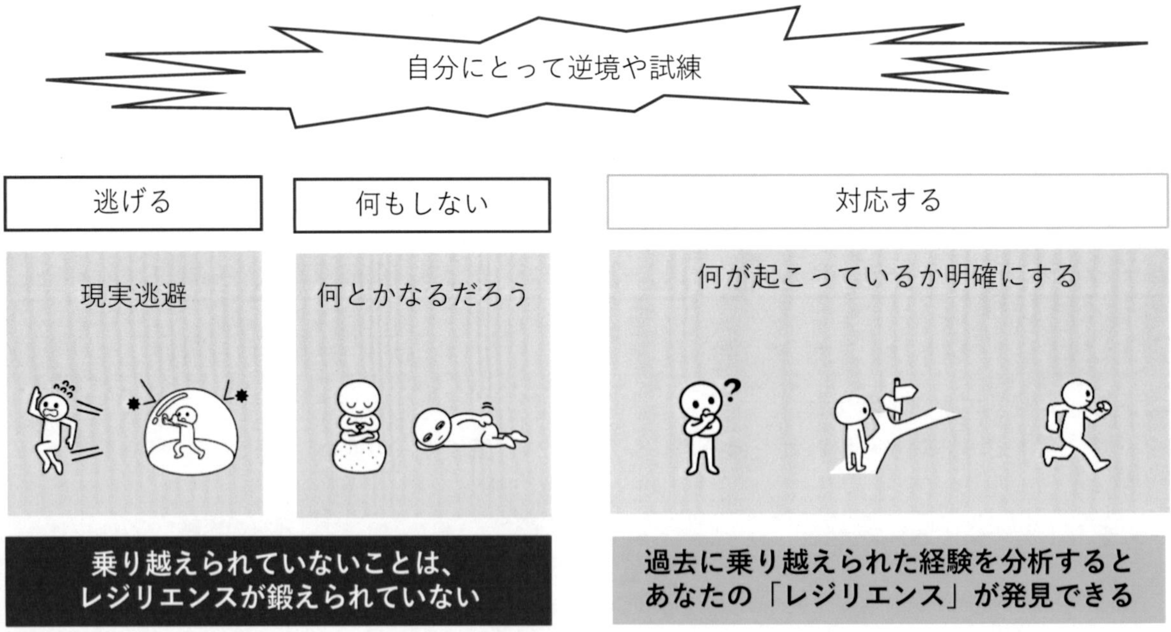

自分にとって逆境や試練

逃げる	何もしない	対応する
現実逃避	何とかなるだろう	何が起こっているか明確にする

乗り越えられていないことは、レジリエンスが鍛えられていない

過去に乗り越えられた経験を分析するとあなたの「レジリエンス」が発見できる

●ライフラインチャートを作成してみよう

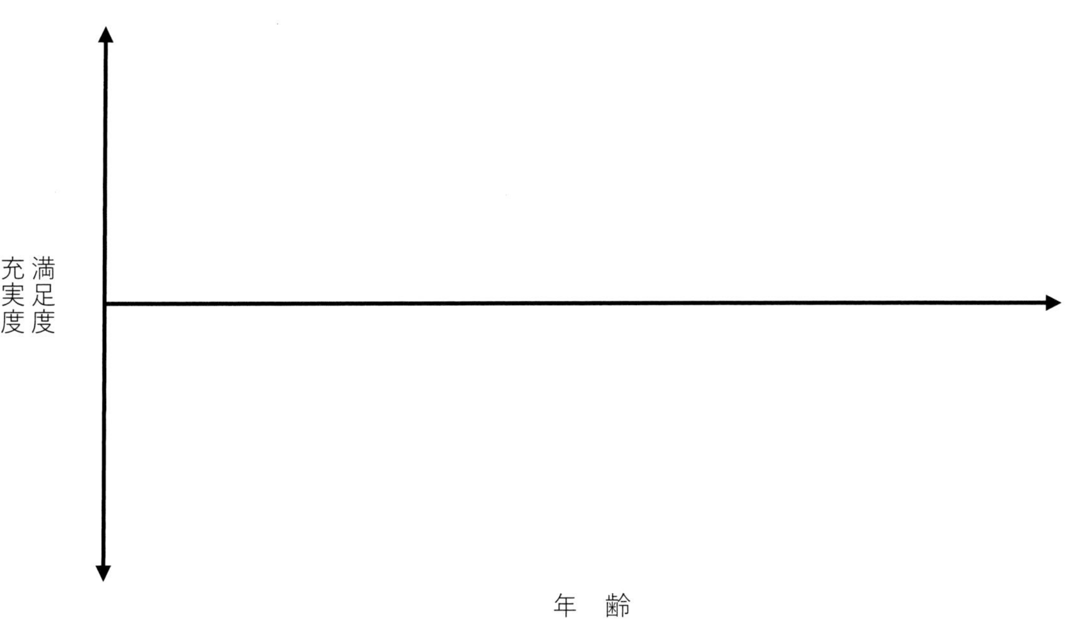

●乗り越えた経験を振り返ろう

二重線の中は、共有しません。自分を振り返り、ありのままに記入してください。
ここで記入したことは、自分自身のレジリエンスの素晴らしい教材になります。

あなたが「乗り越えた経験」を一つ挙げてみよう！

今までいろいろなピンチを乗り越えながら生きてきたのではないでしょうか。
あなたの「乗り越えた経験」を思い出し、その経験を振り返ってみましょう。

あなたが、今までで「乗り越えた経験」を一つ選んでください。

「乗り越えた経験」とは・・・

この前まで悩んでたけど乗り越えたこと
頑張ってやったこと
チャレンジしたこと
新しく取り組んだこと
上手くいかなかったけど続けたこと

乗り越えられていないこと
今でも辛い事
思い出したくないこと

私の「乗り越えた経験」は・・・

2．自分のレジリエンスに「気づく」

二重線の中は、共有しません。自分を振り返り、ありのままに記入してください。
ここで記入したことは、自分自身のレジリエンスの素晴らしい教材になります。

培われた自分の「レジリエンス」を見つけよう！

１３ページの今まであなたが「乗り越えた経験」を振り返り、
自分のレジリエンスを見つけてみましょう

あなたの「乗り越えた経験」：

①どんなことが起きたのかを、順を追って詳しく振り返りましょう。
例）いつ／どこで／だれが／どうなった　など

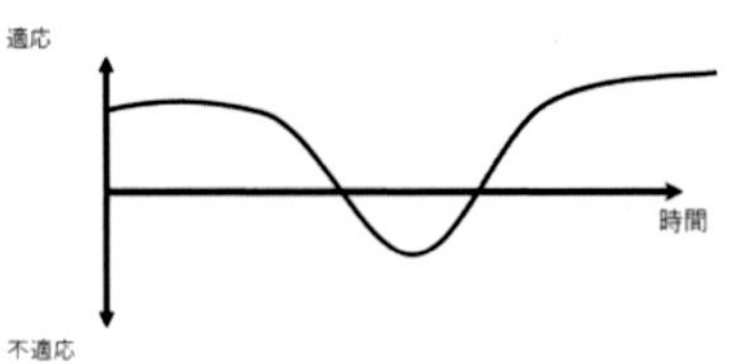

②どのようにして乗り越えたのかを書きます。
例）自分で頑張ったこと／解決のきっかけになったこと／助けてもらったこと　など

③どのように自分が変わったのか、成長できたのかを書きます。
例）考え方／人との接し方／気持ち　など

※以下は、レジリエンスを支える
５つの力の高め方を紹介した後、
実施します

この経験から培われた自分のレジリエンスの力は？
複数ＯＫ・オリジナルＯＫ

自尊心　・　感情調節　・　自己効力感

楽観性　・　人間関係　・　（　　　　　　）

●レジリエンスを高めるワーク活用のポイント

ポイント 1	ポイント 2	ポイント 3
「やってみる」ことを大事にする	続ける方法も考える	誰かに教えるつもりで取り組んでみる
ワークを知っているだけではレジリエンスは高まらない 実際にやってみよう！	レジリエンスは筋肉と同じで続けることでさらに高まる 続ける方法も考えてみよう！	やっている人、続けている人はこれを誰かに教えるつもりで取り組んでみよう 周りにレジリエントな人を増やそう！

●レジリエンスを高める５つのワーク

自尊心	３つのよいことワークでよいことに気づく力を高めよう
感情調節	とらえ方に気づき、対応の仕方を考えよう
自己効力感	小さなやることリストをつくって実行しよう
楽観性	自分ができることに集中しよう
人間関係	人を助けることができる自分を知ろう

3－1．自尊心の高め方

自尊心はこんな力　　自尊心　：　自分を大切にする力

こんな方におすすめ

ビジネスパーソン

□自分と同期を比べて落ち込む
□初めてのお客様に営業の電話をすることができない

パパ＆ママ

□子育てがうまくいかず、
自分のせいだと思いこむ
□子どものいいところを見つけられない

キッズ

□「どうせ自分なんて」とすねる
□長所を聞かれても「ない」と答える

自尊心を高めるとなぜレジリエンスが高まるの？

自分の強みも弱みも含めたありのままの自分を肯定し、自分の価値を認める自尊心を持つと、うまくいかないことがあっても過剰に自己否定せず、前向きで「自分は負けない」と感じる心の強さが得られます。

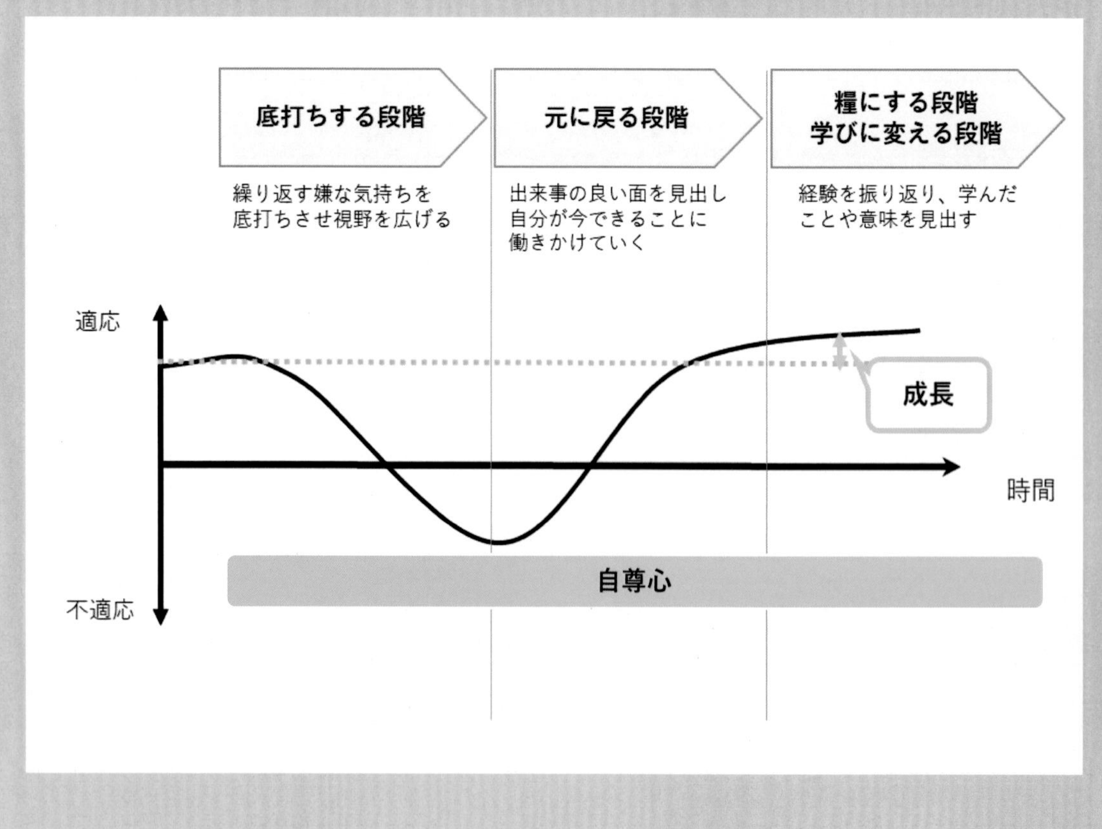
底打ちする段階
繰り返す嫌な気持ちを
底打ちさせ視野を広げる
元に戻る段階
出来事の良い面を見出し
自分が今できることに
働きかけていく
糧にする段階
学びに変える段階
経験を振り返り、学んだ
ことや意味を見出す
適応
成長
時間
自尊心
不適応

自尊心の高め方　**３つのよいことワークでよいことに気づく力を高めよう**

なぜ高まるの？

短所や弱点ばかりに目が向きがちですが、今日あった“よいこと”を見つけることで、「よいこと・楽しいことに気づく力」が高まります。
続けることで、自分や他者のよいところも見つけられるようになります。

具体的な方法は？

今日あったよかったことを３つ見つけて書いてみよう

例）・お天気が良くて朝から気持ちよかった
・ぐっすり眠れたから体の調子が良い
・お昼ごはんが美味しかった
・お客様からお礼の電話がかかってきた
・企画書が評価された
・教えている後輩に仕事を任せることができた

MEMO（他のメンバーの３つのよいこともメモしておこう）

●３つのよいことワークのポイント

続けるコツは、一日の終わりのどんな場所、どんな時間でワークを実施するかを決めること

例）仕事が終わった帰る前にデスクで
お風呂の中、寝る前にベッドで

書き続けると自分を幸せにするのはどんなことか？が見えてくる！

例）私は〇〇をすると幸せなんだ！

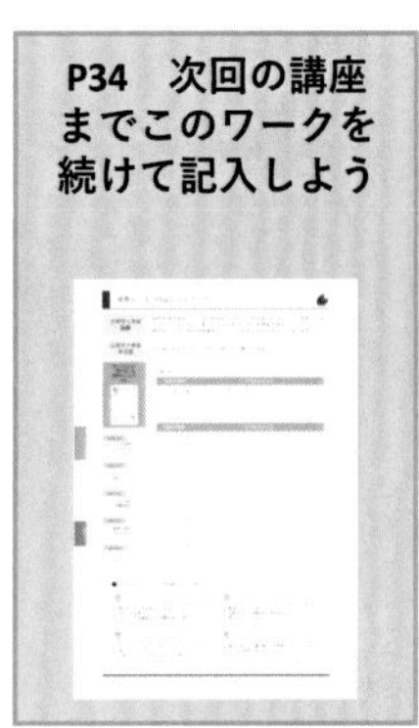

P34　次回の講座までこのワークを続けて記入しよう

3
育てる

感情調節

3－2．感情調節の高め方

感情調節はこんな力　　感情調節　：　自分の気持ちに気づき、対応する力

こんな人におすすめ

ビジネスパーソン

□イライラがたまり、時々爆発しそうになる
□些細なことで不安になる

パパ＆ママ

□「あ～疲れた」が口癖になっている
□逆切れして人や物に八つ当たりし
　後悔することがある

キッズ

□理由もなくイライラし、
　キレてけんかになる
□失敗をするとしばらくクヨクヨしている

感情調節を高めるとなぜレジリエンスが高まるの？

・自分の気持ちに気づき、感情を調節できるようになると、ネガティブ感情から早く立ち直ることができるようになります。トラブルやプレッシャーを感じても、落ち着いていられたり、あきらめそうなときにも前に進むことができます。

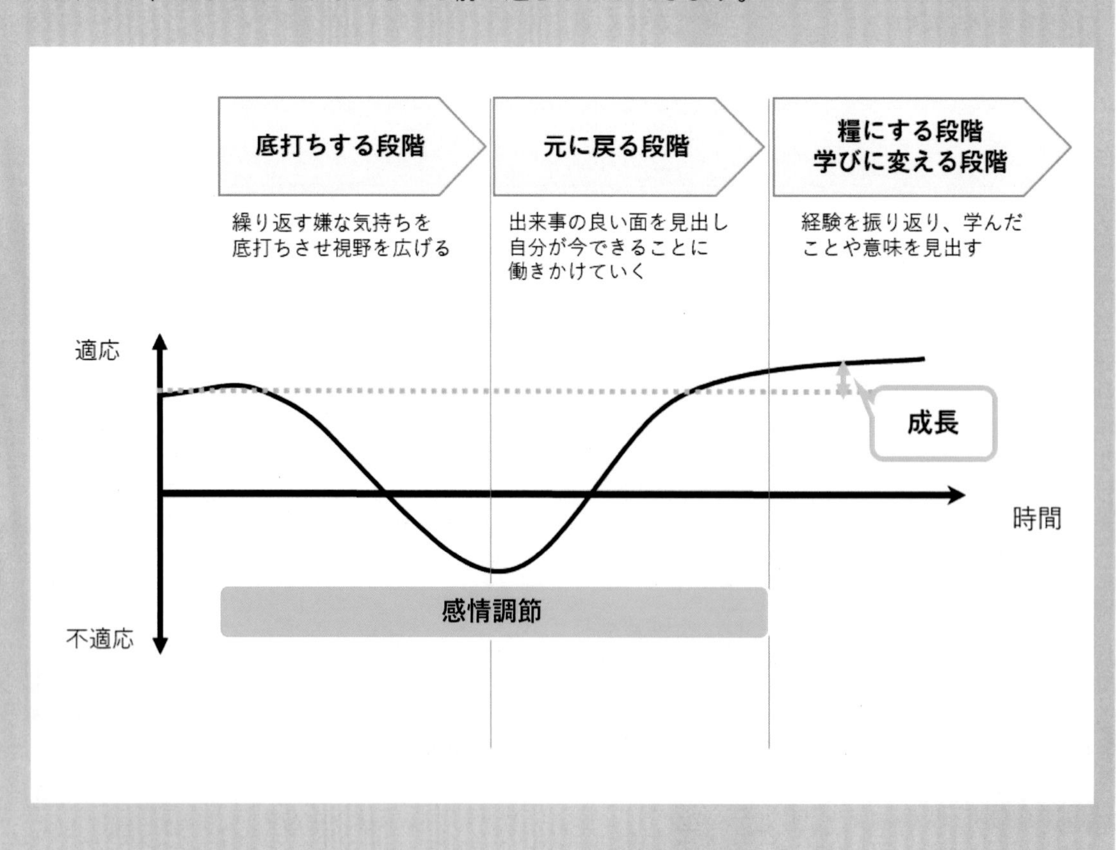
底打ちする段階
繰り返す嫌な気持ちを
底打ちさせ視野を広げる
元に戻る段階
出来事の良い面を見出し
自分ができることに
働きかけていく
糧にする段階
学びに変える段階
経験を振り返り、学んだ
ことや意味を見出す
適応
不適応
時間
成長
感情調節

感情の基礎知識を学ぼう

感情の基礎知識

- ●ネガティブ感情の役割
- ●ネガティブ感情の問題
- ●「とらえ方」を変えると感情や行動も変わる
- ●「とらえ方」に気づく、変える、増やす練習

●ネガティブ感情の役割

感情	行動
 こわい！	 にげることができる
 つらい	 体をやすませることができる

人は嫌な気持ちを感じる必要があり、

嫌な気持ちを感じやすいようにできている

●ネガティブ感情の問題

①**コントロール**が難しい

②くりかえして持続する

③**健康リスク**がある

④他者に**伝染する**

ネガティブ感情に

対応するには

どうしたらよいのだろうか？

●「とらえ方」を変えると感情や行動も変わる

こんなことがあって

A
出来事

こう考えたから

B
とらえ方

こう感じてこうしたんだ

C
結果
（感情・行動）

人生ではいろんな出来事がおこる
出来事を自分で100%コントロールすることはできない

出来事をどうとらえるかは自分が選べる

起こる感情や行動を望ましい方へもっていくことができる
その積み重なりは長い目で見れば生き方を変えていくことにつながる

出来事の「　　　　　　　」が感情や行動を引き出す

自分の感情に気づき、とらえ方に気づいて責めない

そんなとらえ方も
あるよね〜

3 育てる

感情調節

● 「とらえ方」に気づく、変える、増やす練習

ケーススタディ

Aさんは、いつも強い口調で指示を出す上司が少し苦手です。
今、Aさんは、その上司に頼まれていた企画書を提出しながら、企画の説明をしています。上司は足を組んで眉間にしわを寄せながら、企画書ばかり見て（Aさんの方も見ないで）話を聞いています。

Aさんは「きっと　上司は私なんかが作った企画書を気に入らないと思っているんだ」と思い、落ち込んで不安になってしまいました。

次回の講座までに感情的になった時はP35のこのワークをやってみよう

A 出来事
自分の報告を上司は足を組んで眉間にしわを寄せながら、自分の方も見ないで話を聞いている

→ **B とらえ方（つぶやき）**
きっと　上司は私なんかが作った企画書を気に入らないと思っているんだ

→ **C 結果（感情・行動）**
感情：落胆、不安、心配
行動：うなだれる、自信が無さそうな態度をする

↓

新B いろんなとらえ方（くだらないことも）

個人で考え　グループで共有

例）お昼に食べたものがあたって、お腹が痛いから眉間にしわを寄せているのかも

↓

A 出来事
自分の報告を上司は足を組んで眉間にしわを寄せながら、自分の方も見ないで話を聞いている

→ **新B とらえ方（つぶやき）**

→ **新C 結果（感情・行動）**

Memo

感情調節「自分の気持ちに気づき対応する力」の高め方

感情調節の高め方	**とらえ方に気づき、対応の仕方を考えよう**
なぜ高まるの？	出来事によって生まれた自分の感情ととらえ方に気づくことで、気持ちが沈んでいくのをストップさせることができます。さらに、どう対応すればよいかを決めることで感情に囚われず、次の行動を起こすことができます。
具体的な方法は？	①上手くいかなかったことや感情的になったことを思い出し、自分の感情や行動を書き出してみよう ②なぜそんな感情や行動が生まれたのか？「とらえ方」を書き出してみよう さらに、さまざまなとらえ方を探してみよう ③新しいとらえ方を見つけ、結果（感情、行動）が変わったら、底打ち完了

3 育てる

参考にしよう！ **A出来事　と　Bとらえ方　C結果を分けて書くのが難しい場合は・・・**

A出来事には、「何を見てそう思ったのか？」「そう思う根拠は何か？」と質問をし、できるだけ事実だけを見るようにすると書きやすくなります。

Bとらえ方には、頭の中のセリフ（文章）が入ります。

C結果の感情には、気持ちを表す単語が入ります
気持ちを表す言葉 を参考にしよう

例①：「朝、同僚に挨拶をしたのに返ってこなかった。私は嫌われているんだ。
悲しい気分になった」

A **出来事**		B **とらえ方**		C **結果** **（感情・行動）**
朝、挨拶をしたのに返ってこなかった	→	私は嫌われているんだ	→	悲しい（感情） うつむいて歩く（行動）

例②：「プレゼン時間に説明が終わらなくて失敗した。私はプレゼンが苦手なんだと思い
落ち込んだ」

A **出来事**		B **とらえ方**		C **結果** **（感情・行動）**
プレゼン時間に説明が終了しなかった	→	私はプレゼンが苦手だ	→	落胆（感情） トイレにこもる（行動）

感情調節

気持ちを表す言葉 **C結果（感情）は、気持ちを表す言葉から当てはまるものを探してみよう**

落胆　心配　不安　怒り　悲しみ　後悔　罪悪感　失望　焦り　嫌悪　自己嫌悪　憤り　困惑　恥ずかしい
イライラ　がっかり　悔しい　恐れ　屈辱　孤独　惨め　苦しい　嫉妬　寂しい　心細い　絶望　羨望　憎悪

1 **上手くいかなかったことや感情的になったことを思い出し、自分の感情や行動を書き出してみよう**

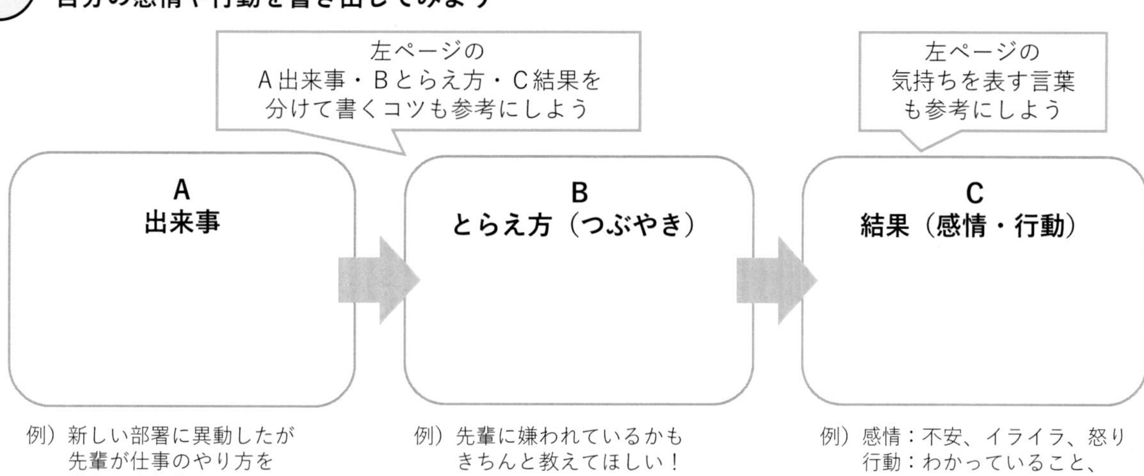

例）新しい部署に異動したが
先輩が仕事のやり方を
教えてくれない

例）先輩に嫌われているかも
きちんと教えてほしい！

例）感情：不安、イライラ、怒り
行動：わかっていること、
できることだけやる

3 育てる

2 **なぜそんな感情や行動が生まれたのか？「とらえ方」を書き出してみよう**
さらに、さまざまなとらえ方を探してみよう

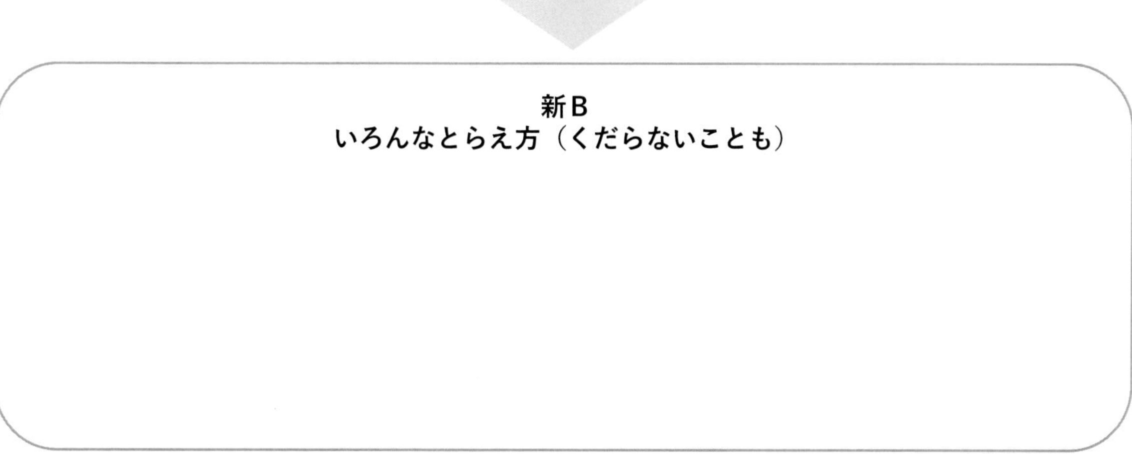

新B
いろんなとらえ方（くだらないことも）

例）先輩は忙しいのかも
プライベートで嫌なことがあったのかも
わからないことがあったら、
質問してくると思っているかも

感情調節

3 **新しいとらえ方を見つけ、結果（感情、行動）が変わったら、底打ち完了**

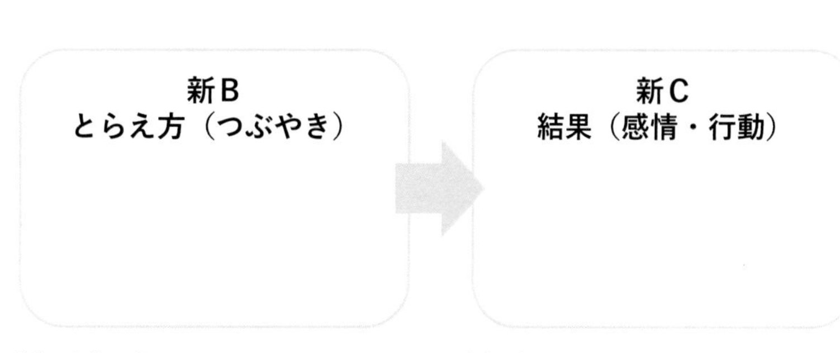

例）先輩は忙しいのかも
先輩はわからないことがあったら、
聞いてくると思っているかもしれない

例）今、わからないところを整理して、
先輩の都合のいい時間を聞いて
教えてもらう

3－3. 自己効力感の高め方

自己効力感はこんな力　　**自己効力感　：　「やればできる」と思える力**

こんな人におすすめ

ビジネスパーソン

□上手くいかない時にはすぐにあきらめてしまう
□新しい仕事を任されると「自分にはできない」と思う

パパ＆ママ 

□うまくいかないと他の解決策を探す前にあきらめる
□できるものはやるけど、できないものはやらない

キッズ

□思い通りにいかないと「やめる」と言う
□新しい問題にチャレンジしようとしない

自己効力感を高めるとなぜレジリエンスが高まるの？

自己効力感が高いと、困難な問題があっても、「やればできる」と自分を信じ、最後まであきらめず、やり遂げることができます。たとえつまずいても、「チャンスだ！」と前向きにとらえ、チャレンジすることができます。

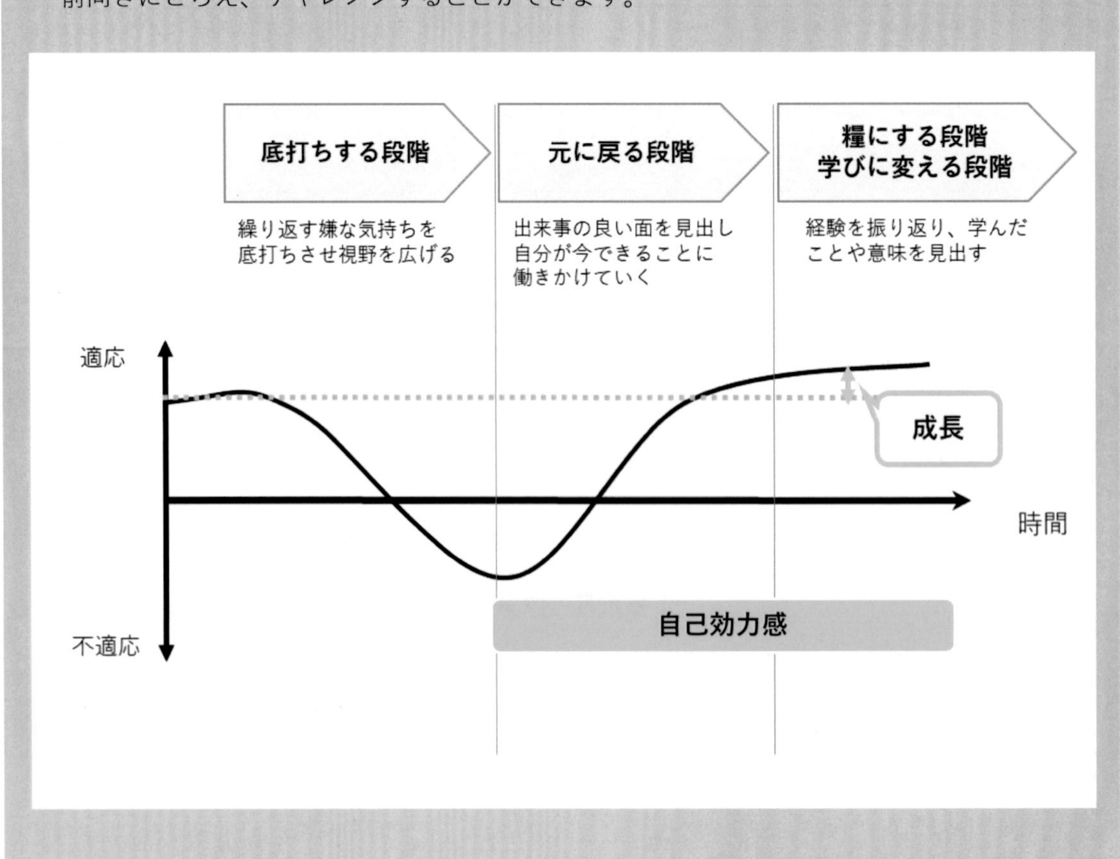
底打ちする段階
繰り返す嫌な気持ちを底打ちさせ視野を広げる
元に戻る段階
出来事の良い面を見出し自分が今できることに働きかけていく
糧にする段階
学びに変える段階
経験を振り返り、学んだことや意味を見出す
適応
不適応
成長
時間
自己効力感

自己効力感「『やればできる』と思える力」の高め方

自己効力感の高め方	小さなやることリストをつくって実行しよう
なぜ高まるの？	当たり前のこと、すでにできていることでも、自分が決めて自分がやったということを意識化（可視化）することで、自分に自信が持てるようになります。
具体的な方法は？	①気がかりだけど手を付けていないちっちゃなことを挙げてみよう ②①から３つ選ぼう ③いつまでに完了させるか？を決めよう ④できたら、“できた自分って、すごい！”と自分を褒めよう！

1 **気がかりだけど手を付けていないちっちゃなことを挙げてみよう**

2 **①から３つ選ぼう**

3 **いつまでに完了させるか？を決めよう**

1.　　　　いつまでにやる？

2.　　　　いつまでにやる？

3.　　　　いつまでにやる？

例）○○さんにメールの返信をしよう　　例）今日の○時まで

完了したらP36の
できたことリストに
書き込もう

4 **できたら、“できた自分って、すごい！”と自分を褒めよう！**
P36　できたことリストに書き出そう！

P36　できたことリストに書き出そう！

Memo

3－4．楽観性

楽観性はこんな力　　**楽観性　：　出来事をバランスよく見る力**

こんな人におすすめ

ビジネスパーソン

□自分は仕事ができないから、と自分のせいにしがち
□「このままこの会社にいても意味がない」と
　暗い見通ししかもてない

パパ＆ママ

□いいことがあるだろう！
　なんてあてにしない
□いい事よりも悪い事の方が多い
　と思っている

キッズ

□一度失敗すると
　「次もダメだ」と心配する
□うまくいかないと
　「私のせい」と落ち込む

楽観性を高めるとなぜレジリエンスが高まるの？

楽観性を高めることで、出来事をいろんな視点からバランスよくとらえることができ、柔軟に対応することができます。将来に対しても明るい展望を持つことができます。

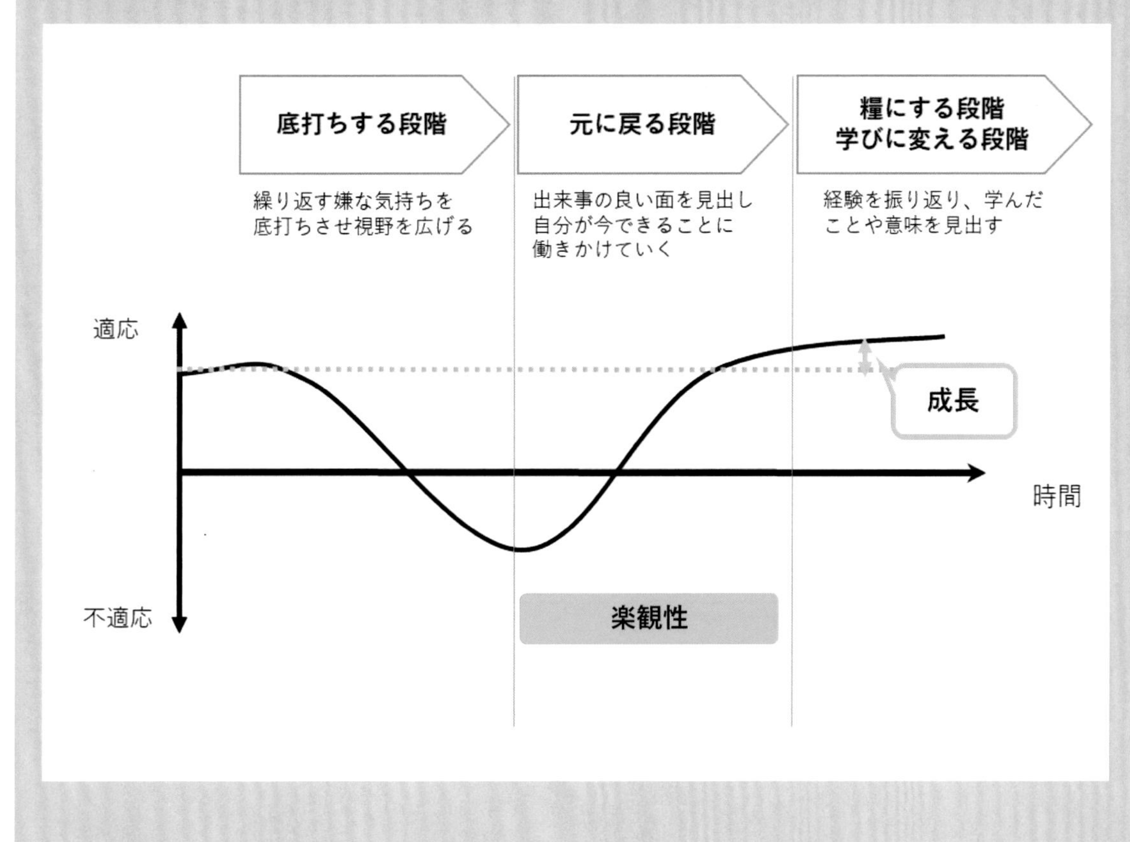

底打ちする段階
繰り返す嫌な気持ちを
底打ちさせ視野を広げる
元に戻る段階
出来事の良い面を見出し
自分が今できることに
働きかけていく
糧にする段階
学びに変える段階
経験を振り返り、学んだ
ことや意味を見出す
適応
不適応
成長
時間
楽観性

楽観性「出来事をバランスよく見る力」の高め方

●2つの楽観性

この講座ではこちらを楽観性と呼びます

気質的楽観性	**現実的楽観性**
物事の良い面を見る傾向にあり将来に対しても好ましい期待を抱いている	出来事を客観的に考えて、自分にできることとできないことを見分けできることに集中して働きかけていく

楽観性の高め方

自分ができることに集中しよう

なぜ高まるの？

自分の状況について、より広い視野をもって全体を考えてみることで、自分がコントロールできることを再認識することができます。
自分ができることが見つかると、行動に移しやすくなります。

具体的な方法は？

①思い通りにならなくて（思い通りにならなさそうで）困っていること、心配なことを書いてみよう
②自分で解決できることを円の中に、解決できないことを円の外に分けて書いてみよう
③今、自分で解決できることに集中しよう

次回の講座までに思い通りにならないことがあった時にはP37のこのワークをやってみよう

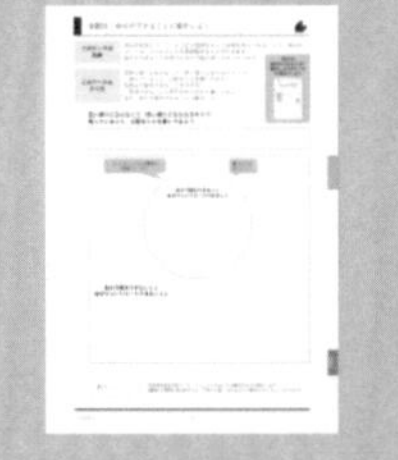

1　思い通りにならなくて（思い通りにならなさそうで）困っていること、心配なことを書いてみよう

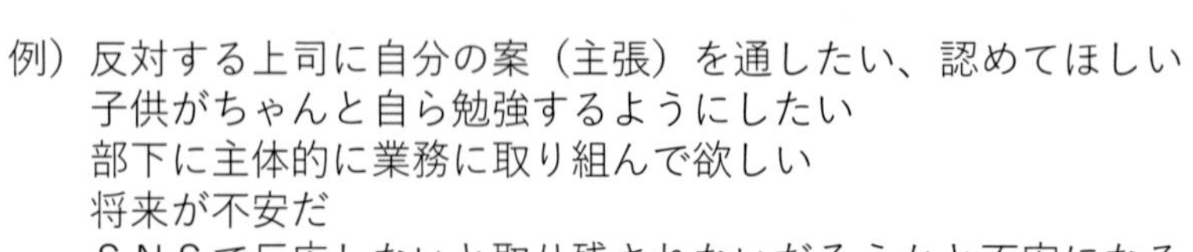

例）反対する上司に自分の案（主張）を通したい、認めてほしい
子供がちゃんと自ら勉強するようにしたい
部下に主体的に業務に取り組んで欲しい
将来が不安だ
ＳＮＳで反応しないと取り残されないだろうかと不安になる

② 自分で解決できること、自分でコントロールできることを円の中に、解決できないこと、コントロールできないことを円の外に分けて書いてみよう

自分で解決できること
自分でコントロールできること
自分でできること

自分で解決できないこと
自分でコントロールできないこと
自分でできないこと

③ 今、自分で解決できることに集中しよう

自分で解決できること コントロールできること	**解決できないこと コントロールできないこと**	
ここに集中しよう	助けてもらうという 選択肢を持とう	受け止める 手放す（一旦今は考えない） じっと待つ

1人でできないことがあってもいい！
人間関係（誰かを助け、誰かに助けられるつながりの力）も活用しよう！

物事をしっかりみて、対応できることを明確にする
自分が解決できる問題を選択し、そこに集中しよう

3－5．人間関係の高め方

人間関係はこんな力　**人間関係　：　誰かを助け、誰かに助けられるつながりの力**

こんな人におすすめ

ビジネスパーソン

□「いつでも相談してね」と言われるが相談できない
□相談は相手に申し訳ないと思ってしまう

パパ＆ママ

□子どもの「見て！見て！」につき合えない
□将来の不安を一人で抱え込み、誰にも相談できない

キッズ

□困ったことがあっても相談できず一人で抱え込む
□学校で友達関係に悩んでいる

人間関係を高めるとなぜレジリエンスが高まるの？

人間関係を高めることで、逆境下でも一人で抱え込んだり、閉鎖的にならずに、つながりの力を使って抜け出すことができます。

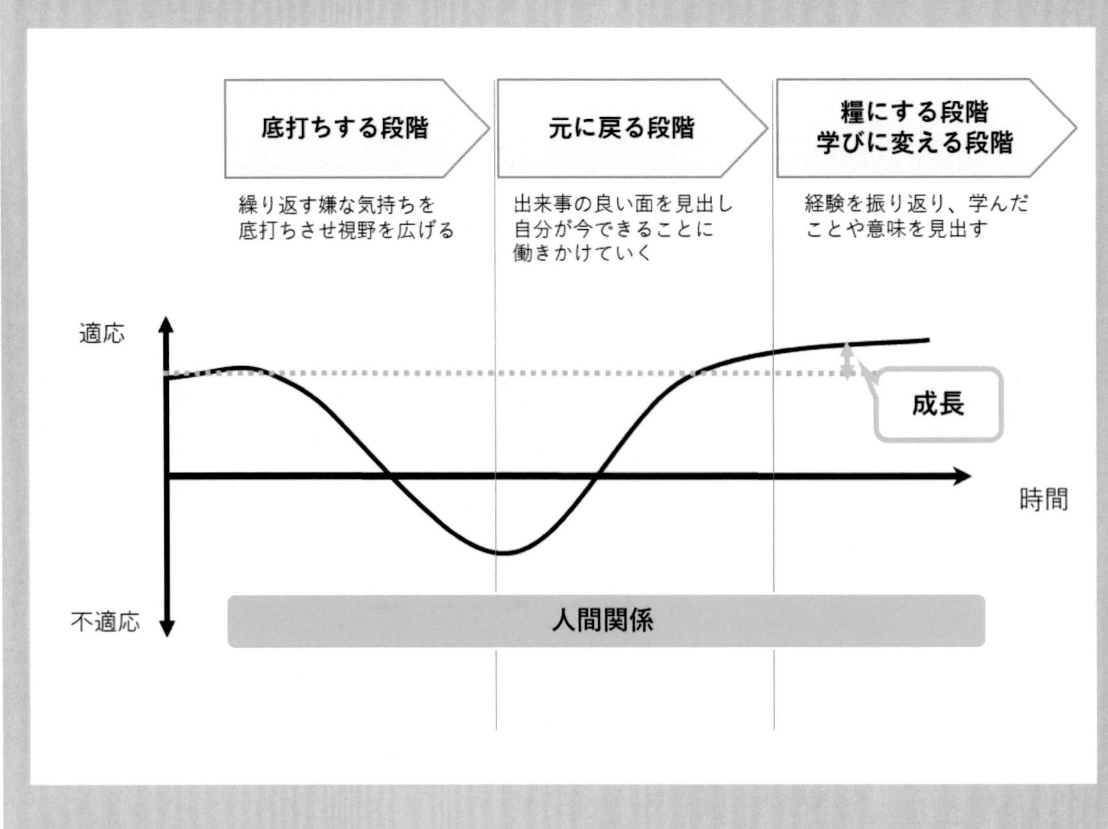
底打ちする段階
繰り返す嫌な気持ちを底打ちさせ視野を広げる
元に戻る段階
出来事の良い面を見出し自分が今できることに働きかけていく
糧にする段階
学びに変える段階
経験を振り返り、学んだことや意味を見出す
適応
成長
時間
不適応
人間関係

3 育てる
人間関係

人間関係「誰かを助け誰かに助けられるつながりの力」の高め方

人間関係の高め方	人を助けることができる自分を知ろう
なぜ高まるの？	自分の存在が周りにプラスの影響を与えていることを自覚ができると、人間関係を形成する力や自他を理解する力が高まり、周りの人と質の良い関係をつくることができます。助けることで自己効力感、他者貢献感も高まります。
具体的な方法は？	①自分が周りを助けることができることを探してみよう ②チャンスが来たら声をかけてみよう （思っていても声をかけなければ助けられない）

① 自分が周りを助けることができることを探してみよう

記入例

だれかを助けることが**できる**こと
最近元気がなさそうな後輩に声をかけることができる
企画書を作成することはできないが誤字脱字チェックくらいなら手伝うことができる
早く仕事が終わった日は、何か買って帰るものがないか家族にＬＩＮＥで聞くことができる

だれかを助けることが**できる**こと

「**助けることができる**自分」を見つけるHint！

「誰かを助けよう」と意識する

誰かを助けよう、誰かの役に立とうという意思をもって周りをよく見てみよう
まずは自分が周りを助けられることを見つけてみることからやってみよう

② チャンスがあったら声をかけてみよう

日常の仕事や生活の中で誰かを助けることができたことは

P38　セッション４
人間関係：助けることができたこと（できること）を探そう

のワークシートにも書き込んでみましょう

誰かを助けることができること見つけ、助けることは
「人間関係」だけでなく、「自己効力感」も高めることができます。

▼P38
助けることができたこと
に記入しよう

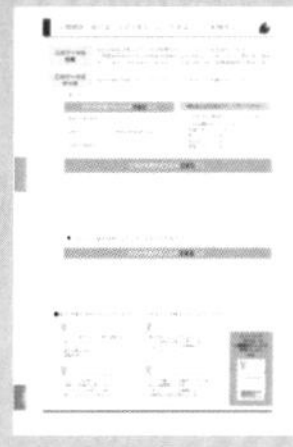

1．今日、学んだこと、気づいたことを書いてみよう

2．次回までにやってみたいことを書いてみよう（一番小さく始めよう）

例）毎日このテキストを開く

１行だけ書く（書くことがない時は、“今日は書くことがない”と書く）

3．２をいつ、どこでやるか決めよう

時間（いつやる?）

例）仕事が終わって帰宅前／寝る前

場所（どこでやる？）

例）会社のデスクで／ふとんの中で

4．１～３を宣言しよう！

お名前	次回までにやってみたいこと

次回までの宿題　レジリエンスを高めるワークをやってみよう！

●次回までに、一つでいいから取り組んでみよう

	自尊心	感情調節	自己効力感	楽観性	人間関係
セッション3「育てる」	P17	P22-23	P25	P28-29	P31
セッション4「やってみる」	P34	P35	P36	P37	P38
	おすすめのタイミング	おすすめのタイミング	おすすめのタイミング	おすすめのタイミング	おすすめのタイミング
毎日続けると効果絶大！	◎		◎ １週間ごとでもOK！		
必要な時にやってみると効果絶大！		◎ 落ち込んだ時 心配な時		◎ 思い通りにならない時 心配な時	◎ 環境が変わった時 毎年４月になど 定期的に

レジリエンスを高めるワークに取り組むと得られる３つの効果

効果 1	効果 2	効果 3
ワークの効果を実感できる！	**自分にあったワークが見つかる**	**続ける方法が見つかる**
実際やってみることでワークの効果を感じられる	自分が習慣化しやすいワークが見つかる	続けるコツ（時間や場所）が見つかりやる気に頼らず習慣化ができる

自尊心：３つのよいことワーク

このワークの効果	短所や弱点ばかりに、目が向きがちですが、今日あった“よいこと”を見つけることで、「よいこと、楽しいことに気づく力」が高まります。 続けることで、自分や他者のよいところも見つけられるようになります。
このワークのやり方	今日あったよかったことを３つ見つけて書いてみよう

P17　３つの よいことのワークも 参考にしよう

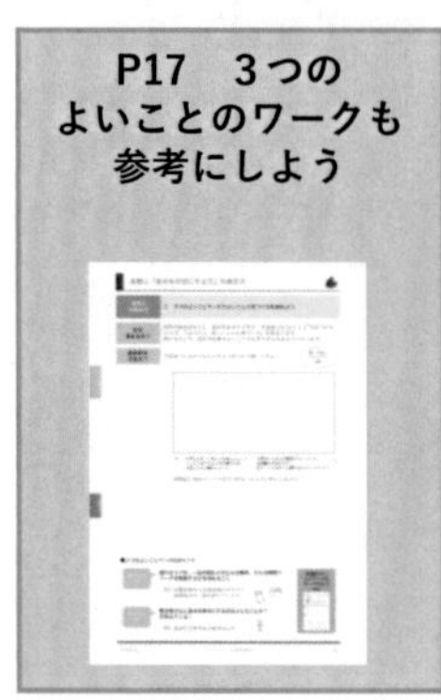

記入例

日時や場所	３つのよいこと
6月　10日 22:30お風呂の後	お天気が良くて朝から気持ちよかった
	お客様からありがとうと感謝された
	このワークができた

日時や場所	３つのよいこと
月　　日	
月　　日	
月　　日	
月　　日	
月　　日	

Let's try!
どんな些細なことでもＯＫ！
１つでもＯＫ！

Let's try!
「それでいい」を口癖にしよう！

Let's try!
たくさん書くと効果倍増！

Let's try!
時間と場所を決めてみよう

Let's try!
ノートでもスマホでもＯＫ！

●３つのよいことワークを続けた人の声

自分がどうすれば気分よくなるかがわかって
ストレスを受けにくくなった
このワークは簡単なのに効果が高いと思った

前向きになり「よかったこと」に
注目できる人が幸せな人生を送れるんだと
思えるようになった

「たいしたことない」「あたりまえ」と
思っていたことが
「楽しいこと」「よかったこと」に変わった

自分と他人（一緒に働く人や家族）のいいところを
たくさん発見できるようになった

感情調節：とらえ方に気づき、対応の仕方を考えよう

このワークの効果	出来事によって生まれた自分の感情ととらえ方に気づくことで、気持ちが沈んでいくのをストップさせることができます。さらに、どう対応すればよいかを決めることで感情に囚われず、次の行動を起こすことができます。
このワークのやり方	①上手くいかなかったことや感情的になったことを思い出し、自分の感情や行動を書き出してみよう ②なぜそんな感情や行動が生まれたのか？「とらえ方」を書き出してみよう さらに、さまざまなとらえ方を探してみよう ③新しいとらえ方を見つけ、結果（感情・行動）が変わったら、底打ち完了

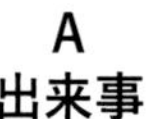

A 出来事 → **B とらえ方（つぶやき）** → **C 結果（感情・行動）**

A出来事とC結果（感情・行動）を切り離しただけで、「客観性」が生まれ冷静に見ることができるようになります。

「そんなとらえ方もあるよね～」とつぶやいて違うとらえ方を見つけてみよう！

新B いろんなとらえ方（くだらないことも）

新B とらえ方（つぶやき） → **新C 結果（感情・行動）**

P22　A出来事とBとらえ方 C結果を分けて書くコツを参考にしよう

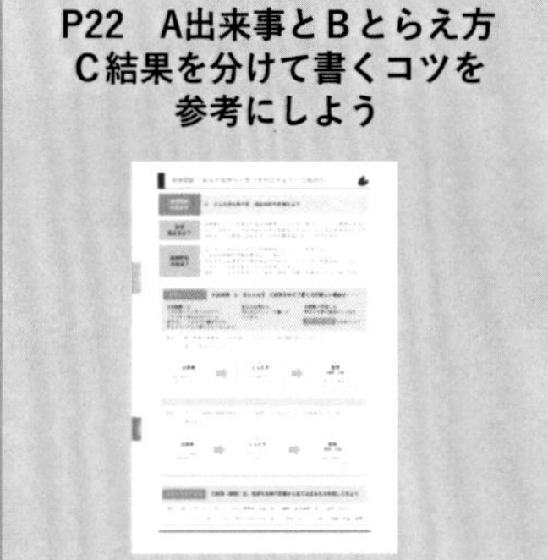

続けて、下記のワークに取り組んで、次の行動を考えてみよう

P37　楽観性：自分ができることに集中しよう

▼P37

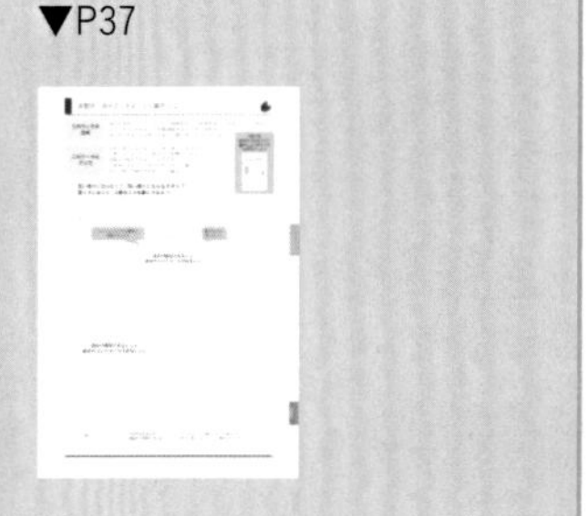

4 やってみる

感情調節

自己効力感：小さなやることリストをつくって実行しよう

このワークの効果	当たり前のこと、すでにできていることでも、自分が決めて自分がやったということを意識化（可視化）することで、自分に自信が持てるようになります。
このワークのやり方	①気がかりだけど手を付けていないちっちゃなことを挙げてみよう ②①から３つ選ぼう ③いつまでに完了させるか？を決めよう ④できたら、“できた自分って、すごい！”と自分を褒めよう！

できたことリスト（P29　小さなやることリストでできたことを記入しよう）

▼　さらに、小さなやることリストをつくって実行しようを続けよう

1　気がかりだけど手を付けていないちっちゃなことを挙げてみよう

2　①から３つ選ぼう

3　いつまでに完了させるか？を決めよう

1.　　　　　　　　　　いつまでにやる？

2.　　　　　　　　　　いつまでにやる？

3.　　　　　　　　　　いつまでにやる？

例）○○さんにメールの返信をしよう　　　例）今日の○時まで

4　できたら、“できた自分って、すごい！”と自分を褒めよう！

楽観性：自分ができることに集中しよう

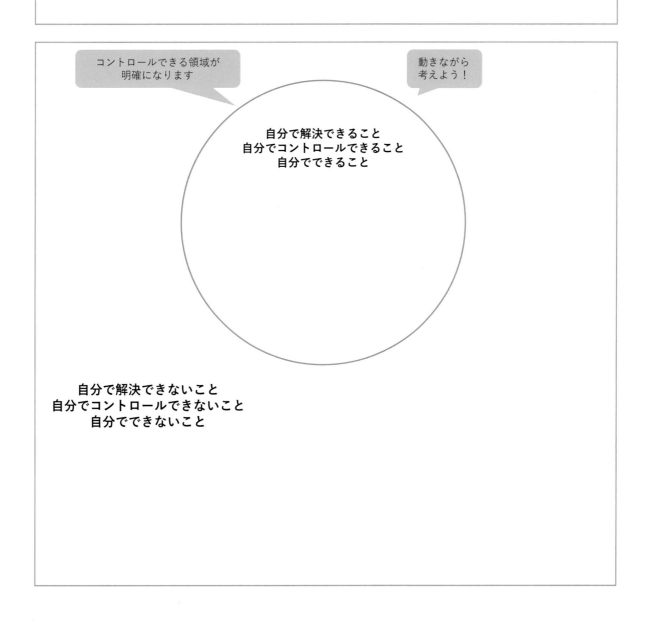

このワークの効果

自分の状況について、より広い視野をもって全体を考えてみることで、自分がコントロールできることを再認識することができます。
自分ができることが見つかると行動に移しやすくなります。

P28-29 自分ができることに集中しようのワークも参考にしよう

このワークのやり方

①思い通りにならなくて（思い通りにならなさそうで）困っていること、心配なことを書いてみよう
②自分で解決できることを円の中に、解決できないことを円の外に分けて書いてみよう
③今、自分で解決できることに集中しよう

思い通りにならなくて（思い通りにならなさそうで）困っていること、心配なことを書いてみよう

コントロールできる領域が明確になります

動きながら考えよう！

自分で解決できること
自分でコントロールできること
自分でできること

自分で解決できないこと
自分でコントロールできないこと
自分でできないこと

続けていくと・・・

不安定な社会の中で「今　ここ」でできることに集中する力が高まります。
客観的に現実を見る癖がつき、不安や心配、悩みなどから焦点をそらすことができます。

人間関係：助けることができたこと（できること）を探そう

このワークの効果	自分の存在が周りにプラスの影響を与えていることを自覚ができると、人間関係を形成する力や自他を理解する力が高まり、周りの人と質の良い関係をつくることができます。助けることで自己効力感、他者貢献感も高まります。
このワークのやり方	自分が誰かを助けることができがこと／できることを書き出してみよう

記入例

誰かを助けることが**できた**こと
後輩の仕事の相談にのった
同僚が忙しそうだったので、荷物の発送業務を手伝った
夕食後の食器洗いをした

「**助けることができた**自分」を見つけるHint！

誰かに親切にしたことに注目

- 小さな親切をしたことは？
- 気遣いをしたことは？
- 思いやったことは？
- 役に立てたことは？
- 感謝されたことは？

誰かを助けることが**できた**こと

▼　さらに、誰かを助けることができることを探そう

誰かを助けることが**できる**こと

●自分が誰かを助けることができたこと／できることを書き出してみた人の声

こうして書くだけで、自分も誰かを助けることができていたんだ、とうれしくなった
自分は誰かの役に立っているという感覚を持てた

自分が助けることができないかな？という気持ちが周りを見て、困っている人やタイミングを見極めることができるようになった

このワークを続けたことによって、仕事でも家庭でも周りに対してイライラすることが減り、以前より人に優しくなれたような気がする

サービス業という仕事柄からか、普段から無意識で人を助けているんだと思ったし、もっと意識することで他者貢献の視点が増えると思った

P31 人を助けることができる自分を知ろうのワークもも参考にしよう

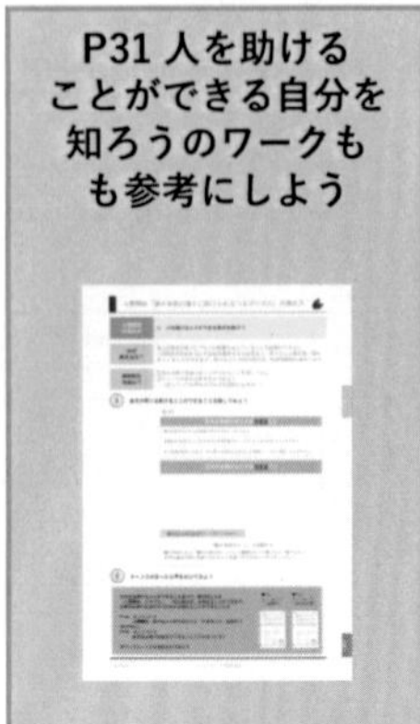

4 やってみる

人間関係

5．習慣化のための方法を考え「続ける」

5－1．ワークをやってみて、4つの視点で振り返りをしよう

実際に取り組んだワーク
（実際に取り組んだワークを詳しく見つめることで、行動を振り返り記述します）

取り組んだワークに✓を入れよう

□自尊心：3つのよいことワーク
□感情調節：とらえ方に気づき、対応の仕方を考えよう
□自己効力感：小さなやることリストをつくって実行しよう
□楽観性：自分ができることに集中しよう
□人間関係：助けることができたこと（できること）を探そう

どのくらい取り組めた？

原因の分析
（なぜできたか？、続けられたか？
なぜできなかったか、続けられなかったか？を記述します）

やってみての感想や気づいたこと、効果を感じたこと

今後続けること、やってみること
（レジリエンスを高めるワークを続ける工夫や改善点、やってみることを記述します）

5 続ける

5－2．楽しく続けるレジリエンスワークの習慣化を考えよう

続かない理由①

完璧主義

しっかり取り組もう

ずっと続けよう、
と思うと大変・・・

▶ 習慣化のコツ①

一番小さく始める

完璧を目指すと上手くいかないことが多い。
小さく始めることがコツ。
完璧を目指さず、絶対超えられる目標を設定することで、毎日、達成感を味わうことができる。

１分だけ・１つだけ・１部だけやる
今日だけやる

続かない理由②

やるまでにエネルギーが必要

<講座後>
頑張るぞー

めんどくさいな
今日はいいかぁ～

▶ 習慣化のコツ②

時間と場所を決める

意思ややる気に頼らず、やらないと気持ち悪くなる、自然と継続してしまうような仕組みをつくることがポイント。

「流れ」でできる！

続かない理由③

効果を感じられない

やった方がいいとは思うけど、
効果があった人もいたと聞いたけど

▶ 習慣化のコツ③

効果を言葉にする

脳は、楽しいこと、達成感があることしか継続できない。続けることによってあなたにどんないいことがあるか？言葉にしてみよう。

自分なりの効果を
言葉にしてみよう

続かない理由④

そもそも一人で続けるのが難しい

まぁ、いっかぁ～

自分との約束は
破るのが簡単！

▶ 習慣化のコツ④

人を巻き込む

仲間と進捗を確認し合い、上手く活用しよう。

この習慣が大事な人のためになると考えることも人を巻き込むことの一つ。

人との約束は破りにくい

5－2．楽しく続けるレジリエンスワークの習慣化を考えよう

●習慣化のコツ

A：習慣化したい小さな行動

例）毎日手帳を開く　／　１行だけ書く
（書くことがない時は“今日は書くことがない”と書く）

B：いつ、どこでやる？

いつやる？　例）帰宅前に

どこでやる？　例）会社のデスクで

C：Aを続けるとどんないいことがある？

D：誰の役に立つ？

1．レジリエンス基礎講座で学んだこと、気づいたことを書いてみよう

引用文献、参考文献

- レジリエンストレーニング入門　宇野カオリ（著）
- 「レジリエンス」の鍛え方　久世浩司(著)
- レジリエンスの教科書　カレン・ライビッチ、アンドリュー・シャテー(著)
- レジリエンス：人生の危機を乗り越えるための科学と１０の処方箋
  スティーブン・M・サウスウィック、デニス・S・チャーニー（著）
- 親子で育てる折れない心　久世浩司（著）
- ハーバードの心理学講義　ブライアン・R・リトル（著）
- レジリエンス　ハーバード・ビジネスレビュー編集部（編）
- レジリエンスの心理学　小塩真司（著、編集）、平野真理（著、編集）、上野雄己（著、編集）
- ①Positive memory specificity is associated with reduced vulnerability to depression Adrian Dahl Askelund, Susanne Schweizer, Ian M. Goodyer & Anne-Laura van Harmelen
- ②The Effect of Psychological Stress Reduction of the Resilience
- ポジティブな人だけがうまくいく３：１の法則　バーバラ・フレデリクソン（著）
- Positive Psychology Progress　July–August 2005　American Psychologist
- 子どもの「逆境に負けない心」を育てる本　足立啓美(著)
- イラスト版子どものレジリエンス元気ーしなやかへこたれない心を育てる５６のワーク　上島博（著）
- しなやかな子どもを育てるレジリエンス・ワークブック　小林朋子（編著）
- 発達障害の子の「レジリエンス」を育てる本　藤野博（著）
- 生涯人間発達論　服部祥子（著）
- 心理療法入門　小松貴弘(著)
- ブレイン メンタル 強化大全　樺沢紫苑（著）
- 誠信 心理学辞典[新版]　下山 晴彦, 遠藤 利彦他（著）

監修　一般社団法人日本レジリエンスエデュケーション協会　ＨＰ：https://jrea.site/　Mail：info@jrea.site

レジリエンス基礎講座テキスト

2023年 6月 5日　初版発行
2023年11月 1日　第二版発行
2024年 4月 1日　第二版第二刷発行

監　修　一般社団法人日本レジリエンスエデュケーション協会

定　価　本体価格 1,363円＋税
発行所　株式会社　三恵社
〒462-0056 愛知県名古屋市北区中丸町 2-24-1
TEL 052-915-5211　FAX 052-915-5019
URL http://www.sankeisha.com

ISBN978-4-86693-808-0 C3037